AF357130

RELATION

ET

DEDUCTION HISTO-
RIQUE & JURIDIQUE.

*De l'Estat, de la Qualité & Dignité,
& du Droit de Preseance des SUMMISSAIRES
de l'Eglise Cathedrale de Strasbourg.*

où se trouvent

*Quelques rapports memorables de l'Origine & de la Difference des Prebendés du grand
Chapitre & de ceux du grand Chœur
de la dite Cathedrale.*

Addressée

au Conseil souverain d'Alsace
en forme d'un

FACTUM.

à Strasbourg,   M DC XCV.

FACTUM

Pour les Senior, Deputés, & Prébendés
du grand Chœur de l'Eglise Cathedrale de Strasbourg,

Demandeurs & Appellans comme d'abus

d'un pretendu Decret, decerné par le grand Chapitre de la dite
Cathedrale le 15. Novemb. dernier, par lequel il est dit, que les Deffendeurs
& Inthimés cy apres nommés, prendront leurs seances dans les
premieres places des Staux des dits Demandeurs &
Appellants,

d'une part.

Contre

Les Sieurs Pillman, Fischer & Villedot

Prestres & Prétendus Summissaires de la dite Cathedrale

Deffendeurs & Inthimés,

de l'autre.

M DC XCIII.

Avis au Lecteur.

Omme nous ne pretendons pas abuſer de la patience de perſonne, & que la quantité des choſes, que nous avions à dire, nous a obligés de nous étendre un peu au long: Nous ſupplions ceux, qui ne ſe voudront pas donner la peine de lire tout cet ouvrage, de jetter du moins les yeux ſur ces premiers feüillets qui en contiennent l'abregé avec des renvoys, qui pourront ſervir à ceux qui voudront s'eclaircir à fond de quelques faits particuliers.

Nous avons diviſé cet ouvrage en trois parties. Dans la I. pour établir ſolidement & clairement le fait, nous avons donné une hiſtoire abregée des principaux changemens qui ſont arrivés dans cette Egliſe. (*a*) Dans la II. nous rapportons les raiſons de Droit & de fait, qui juſtifient les demandes des Prebendés du grand Chœur *Demandeurs*, contre les nouveaux pretendus Summiſſaires *Deffendeurs*. (*b*) Dans la III. enfin nous répondons à leurs objections. (*d*)

(a) depuis le page 4. juſques à la page 27.

(b) depuis la page 27. juſques à la page 74.

(d) depuis la page 74. juſques à la fin.

PREMIERE PARTIE.

I. Comme les anciens titres de cette Egliſe ont eſté brulés, (*e*) eſgarés, ou perdus; Nous tâchons d'établir, du moins par le temoignage des Hiſtoriens, que ſur la fin du VIII. Siecle il y avoit LXVI. Prebendes dans cette Egliſe, fondées pour autant de Beneficiers, nobles ou non indifferement, & qui vivoient tous en commun ſelon l'uſage obſervé dans toutes les Cathedrales juſques à l'XI Siecle (*art. I. II. & III.*)

II. Que vers l'an 1003. ou 1004. l'Evêque *Wernherus* ayant obtenu de l'Empereur *S. Henry II.* du nom, l'union de l'Abbaye de St. Eſtienne à la Menſe Epiſcopale; (*art. IV.*) obtint du même Empereur l'an 1019. une Ordonnance, par laquelle

(e) On en a une preuve bien convaincante dans le recueil d'Hiſtoriens fait ſous le nom de Jean Henry Bœckler, mais en effet par les ſoins de M. Obrecht, dans lequel on rapporte une Patente de Louis le Germanique accordée à Ratolde Evéſque de Strasbourg vers l'an 853. & qui témoigne que tous les titres de cette Egliſe avoient eſté brulez &c.

ii

il fût eſtabli, que pour donner plus d'appuy & plus de luſtre à cette Egliſe ; des LXVI. Prebendes, dont le Chapitre eſtoit à lors compoſé, il y en auroit du moins XXIV. qui ne pourroient eſtre remplies que par des Eccleſiaſtiques ſortis de famille noble & illuſtre. (*art. V.*) Que cet eſtabliſſement n'empecha pas cependant, que toutes ſortes d'Eccleſiaſtiques ſages, ſçavans, & vertueux, ſans qu'il fût beſoin de preuves de Nobleſſe, ne puſſent eſtre receus au 40. ou 42. reſtantes; (*art. V. & VI.*) Que non obſtant la difference de la naiſſance, ils ſe traittoient tous du nom de *Freres* & de *Confreres*; (*art. X. à la marge &c.*) qu'enfin les uns & les autres demeurerent encore quelque tems en communauté (*art. VI.*) & juſques à ceque.

III. L'An 1031. ſelon quelques uns; ou l'an 1106. ou 1107. ſous l'Empire de Henry IV. ſelon quelques autres; (*art. VIII.*) la vie commune ayant eſté abandonnée par quantité de Cathedrales : les particuliers qui compoſoient à lors celle de *Straſbourg*, partagerent entre eux la plus grande partie des biens de cette Egliſe (*art. VII.*) D'où l'on commença de diſtinguer deux Corps de *Beneficiers*, dont le premier, compoſé des *Beneficiers* neceſſairement *nobles*, a tousjours eſté appellé depuis le *grand Chapitre*; & le ſecond, compoſé de ceux qui n'avoient beſoin de faire preuve que de ſageſſe & de vertu pour y entrer, a tousjours eſté nommé *le grand Chœur*.

IV. Que non obſtant ce partage; il y eut encore deux portions des biens de cette Egliſe qui demeurerent communes aux uns & aux autres, ſçavoir 1. les revenus *du Refectoire*, que nous prouvons par un ancien titre (*art. X.*) avoir eſté encore communs aux uns & aux autres l'an 1230. & peut eſtre encore plus tard, & 2. les revenus *des preſences*, (c'eſt à dire ces diſtributions manuelles qu'on faiſoit alors à tous ceux qui aſſiſtoient en perſonne aux offices de l'Egliſe,) & qui ont tousjours eſté juſques à nos jours communes & égales à tous les membres de ces deux Corps ſans diſtinction de rang, de naiſſance, de dignité, ny de Prelature, ce que Nous prouvons (*art. XI.*) par un acte authentique du grand Chapitre même,

A 2

& (*art.*

& (*art. XLII.*) par deux Bulles du Pape Boniface IX. & une du Pape Innocent VII. dont nous rapportons les paroles à la marge tirées fidelement des originaux.

V. Que le nombre des Prebendés du grand Chœur s'eft augmenté dans la fuitte jufques à 63. par quantité de nouvelles fondations faites pour la plus part, ou par des Evêques, ou par des Prebendés même dudit grand Chœur, & dont les plus modernes font de l'an 1331.

VI. Nous faifons voir en fuitte ce qui s'obfervoit anciennement pour le rang & la feance de tous ces differens Beneficiers (*art. XIII.*) ce que nous prouvons principalement par un titre de l'an 1364. qui eft le fameux *Ceremonial ou Directoire du Chœur* de *Strasbourg*, dont nous donnons l'hiftoire (*art. XV.*) & plufieurs paffages qui font à la queftion (*art. XVI.*)

VII. Nous expliquons ce qu'eftoient dans leur origine les *Summiffaires*; Quand & pourquoy ils ont efté eftablis & quand ils ont efté abolis. Et nous faifons voir par des paffages formels *du Directoire* fus-mentionné, (que nous fouftenons eftre le plus ancien titre où il en foit parlé.) Que ce mot de *Summiffaire* ne veut proprement dire qu'un *Vicaire* ou *Commis*, deftiné pour faire certaines fonctions au defaut ou au refus des *grands Chanoines* (*art. VII.*) Qu'on n'a commencé d'impofer cette charge ou commiffion à d'anciennes prebendés, que vers le XIV. fiecle (*art XVIII.*) & que la terrible diminution, que les troubles du fiecle paffé cauferent dans les biens de cette Eglife, a efté caufe que cet office a efté entierement aboli (*art. XXI.*) & inconnu pendant plus de 82. ans. (*art. XIX. & feqq.*) c'eft à dire depuis l'an 1605. que la réfidence fût eftablie à Molsheim, (*art. XX.*) jufques à l'an 1687. que les *nouveaux pretendus Summiffaires* ont efté eftablis à *Strasbourg* (*art. XXVII.*

VIII. Dans l'Article XXII. & fuivants, nous rapportons les caufes, le tems, la maniere, les effets, l'utilité manifefte, & les confequences neceffaires, qu'on doit tirer de l'incorporation des prebendes & des chapelles en une feule maffe, unie à la maffe *des Prefences* & du *Refectoire*, & applicable uniquement

depuis

depuis plus de 40. ans pour l'entretien des *Prestres & Beneficiers Residens* qui composent actuellement le *grand Chœur* d'où nous concluons.

1. Que l'incorporation ayant reüni dans la personne de ces *Prestres* residens toutes les fonctions, toutes les charges & tous les revenus des anciennes prebendes; ils doivent aussi joüir de tous les droits honorifiques qui pouvoient y estre attachés autrefois, par la regle du droit qui veut que, *Qui sentit Onus sentire debeat & commodum.* (*art. XXIV.*)

2. Que tous les anciens titres ayant esté esteins, ou du moins confondus par cette incorporation; le titre de *Prebendé* comme le plus general, le plus digne, & le plus noble a d'eu estre conservé, par la regle que *Rebuffe* (*f*) & tous les Canonistes nous donnent sur les *unions*, & qui veut que de deux benefices unis ensemble le moindre soit esteint & ne serve que *d'accessoire* au plus noble (*art. XXV.*)

3. Que l'incorporation ayant rendu tous ces Beneficiers égaux; le seul *Senium* ou *l'antiquité* de la *Réception en residence* (*g*) a deu seruir depuis de regle pour leur rang & pour leurs sceances (*art. XXVI.*)

4. Qu'il n'y a donc plus de veritables *Summissaires* dans cette Eglise, ou bien si il y en a, que ceux qui composent actuellement le *grand Chœur* sont les seuls & les uniques, qui puissent prendre legitimement cette qualité. (*art. XXVII.*) puis qu'il n'y a qu'eux qui soient en possession legitime de joüir des revenus des *anciens Summissaires.*

5. Enfin, que s'il y a quelque honneur attaché à la qualité de *Summissaire*; il faut necessairement estre du Corps du *grand Chœur* pour en joüir, & que quiconque n'est pas de ce Corps, n'en joüit que par usurpation. (*art. XXVII.*)

IX. Enfin nous rapportons au vray (*art. XXVIII. ou page* 24.) comment les *nouveaux prétendus Summissaires* ont esté introduits,

B

(*a*) Advertendum tamen est quod unio tribus modis fit. 1. ut ex duobus Beneficiis unum fiat. ut *D. c. Decimas in fine.* 16. *q. 1. ibi.* Sicut enim Papa duos Episcopatus potest in unum reducere *Gloss. in dict. c. 1.* & privilegia data uni competent & alteri & quando sunt plura honestiora & favorabiliora servabuntur, *ut dicit. ibid. glossa.* Rebuffus. *in prax. Benef. c. de unionibus. n. 11.* & tunc denominatio à digniori fieri debet. *Idem n. 16.* & sic non potest uniri dignius minus digno. *Sic. cap. exposuisti. de prabendis. c. super eo. eod. titulo in* 6. ad quod etiam facit. *l. justissime ff. de adil. Edict.* ubi dicitur. *ridiculum namq; esset, tunica fun-*dum accedere &c. *& c. quod in dubiis. de consecr. Ecclef. ubi dicitur.* quod minus dignum est, digniori connexum illud dicitur accessorium. Id. Rebuff. *Ibid. n. 16. 17. & 190.*

(*g*) Quoniam honoranda est semper antiquitas. *S. Leo. Ep.* 89. Sit igitur sedes prior atque ante provectis locus conspectior &c. *L. 2. Cod. de Praf. Prator.*

duits l'an 1687. dans cette Eglise, & nous refutons en même tems l'histoire fabuleuse qu'ils nous font dans leur factum de leur establissement.

Dans *l'Article XXIX.* que sous le nom specieux de *Summissaires* (qu'ils ne peuvent cependant porter que par abus) ils ont trouvé le moyen de se placer dans les hautes chaires du Chœur, qu'ils ont pris le pas, des aumuces differentes, & e. pour se distinguer des anciens *Prebendés* de l'Eglise, qu'ils les ont même exclus, pendant quelque tems, du droit immemorial de faire l'office & de dire la Messe au grand Autel.

Dans *l'Article XXX.* que le *grand Chapitre*, pour remedier à ces abus & à ces nouveautés dangereuses, à remis les *Anciens Prebendés* en possession de faire l'office, & de dire la Messe, comme cela s'est pratiqué de tous tems, par un Decret du 7. Aoust de l'Année derniere 1692.

Que par un autre Decret du 15. Novembre de la susditte année 1692. le dit *grand Chapitre*, apres avoir fait deffense aux *nouveaux prétendus Summissaires*, de se placer dans les hautes Chaires; leur ordonna en même tems, de se placer dans les quatre premieres du second rang, dont les *Prebendés du grand Chœur*, ont esté de tout tems & sont encore actuellement en possession.

Que c'est principalement de la seconde partie de ce Decret dont les *Prebendés du grand Chœur Demandeurs* ont à se plaindre, ce qui les a obligé d'en appeller comme d'abus, & en même tems, faire assigner au Conseil *les nouveaux prétendus Summissaires Deffendeurs*, pour voir estre dit, que les *Prebendés du grand Chœur Demandeurs, seront maintenus & gardés dans la possession actuelle ou ils sont des dites quatre premieres places du second rang, & le dit Decret qui les en veut déposseder, cassé & annullé en cette partie comme nul & abusif.*

Mais comme d'ailleurs lesdits *Prebendés du grand Chœur Demandeurs*, ont esté de tous temps en possession, d'estre placés dans le Chœur, & d'avoir le pas dans les processions, si *immediatement* apres le *grand Chapitre*, que jamais (hormis depuis

cinq

cinq ou six ans,) on n'a veu perfonne fe placer de droit entre le *grand Chapitre* & le *grand Chœur*; lefdits *Demandeurs*, ont fait affigner auffi au Confeil lefdits *Deffendeurs*, pour voir eftre dit que les *Demandeurs feront reftitués & rétablis dans la ditte poffeffion dont ils n'ont efté depoüillés que par furprife, & deffendu en même tems aux dits nouveaux prétendus Summiffaires, de fe placer entre le dit grand Chapitre & le dit grand Chœur, & par une confequence neceffaire*, pour voir dire & ordonner, que lefdits *Deffendeurs auront à ceder d'orefenavant aux Demandeurs le pas dans les proceffions, & autres ceremonies publiques, deffendu à eux de porter d'orefenavant des aumuffes, ou du moins ordonné, qu'ils en ofteront inceffamment les marques de diftinction qu'ils y ont fait mettre de leur prôpre authorité &c.* Voila proprement le fait, & voicy les raifons fur les quelles les *Demandeurs* fondent leurs conclufions.

SECONDE PARTIE.

NOus eftabliffons d'abord fix regles que nous faifons voir (*art. XXXI.*) eftre celles, dont on fe fert ordinairement, pour terminer tous les differens en fait de prefceance, parceque dit St. Leon, il y a certains termes & certains limites eftablis pour feparer tous les Eftats, fur les quels il eft neceffaire que chacun fe regle pour confervér l'ordre & la paix de la focieté civile. (*h*)

La premiere, c'eft l'antiquité, parceque *qui prior eft tempore potior eft jure* (*art. XXXII.*) & pour en mieux convaincre le Confeil nous diftinguons quatre fortes d'antiquités, d'où nous formons quatre regles particulieres.

La premiere, c'eft l'antiquité *perfonnelle, de l'âge ou du Sacerdoce*; & apres avoir fait voir par quantité de paffages tant du droit, que des Concilles, des Peres, & des Anciens, qu'on y doit avoir beaucoup égard, pour affigner à châque particulier le rang qui luy eft deub; Nous faifons voir, que du moins les deux derniers *prétendus Summiffaires*, doivent ceder par cet en-

---

(*h*) Suis limitibus fuis terminis fit unufquifque contentus. *S. Leo. Ep. 89. T. III. concil. P. Labbe pag. 1396.*

Premiere regle l'antiquité.

C'eft la regle dont on s'eft fervi de tous tems dans cette Eglife, & nous avons une fentence de l'an 1337. fur une difpute de prefceance qui témoigne que dez ce tems la cet ufage y eftoit déja tres ancien. Nous la produirons au Confeil.

droit à la plus part des *Prebendés du grand Chœur &c.* (*art. XXXIII.*)

La feconde, c'eft l'antiquité de la *Réception.* Sur quoy nous faifons voir d'abord, par des paffages formels tirés du droit Civil & Canonique, des Conciles, des Docteurs de l'Eglife & de quantité de Jurisconfultes les plus celebres; par les raifons même convaincantes qu'en donnent les uns & les autres; par l'ufage des Cours Souveraines, & des Cathedrales de toute la Chreftienté, par la prattique même de la Cathedrale de *Strasbourg*; que les *nouveaux prétendus Summiffaires,* eftant fans contredit pofterieurs en réception à la plus grande partie des *Prebendés du grand Chœur,* doivent par confequent leur ceder le pas &c. (*art. XXXIV.*)

La troifiême c'eft l'antiquité de *la demeure ou du Domicile.* Nous la prouvons d'abord par l'authorité de *Menochius,* de *Lucas de Penna,* d'*Alciat* &c. En fuitte par la bulle de *Gregoire XIII. expofcit paftoralis &c.* de l'an 1583. Enfin par l'exemple domeftique des Collegiates de *St. Pierre le jeune,* & de *St. Pierre le vieux.* D'où nous concluons, que les *nouveaux prétendus Summiffaires* n'eftant dans la Ville & dans la Cathedrale de *Strasbourg,* que depuis cinq ou fix ans; ils ne peuvent legitimement avoir le rang ny le pas au deffus des *Prebendés du grand Chœur,* qui font eftablis & domiciliés depuis neuf à dix fiecles dans cette Eglife. (*art. XXXV.*)

La quatriéme enfin c'eft l'antiquité de la *Fondation.* Nous prouvons cette regle par l'exemple des Eglifes d'*Alexandrie &* d'*Anthioche,* des *Anthoniftes* de Marfeille, des *Chanoines Reguliers* de Toul &c. qui tous ont obtenu la prefceance fur leurs parties adverfes, par la raifon de l'antiquité de leur fondation (c'eft dans *l'art. XXXVI.*) En fuitte (dans *l'art. XXXVII.*) nous faifons voir clairement, que de quelque cofté que les *nouveaux prétendus Summiffaires* prennent leur eftabliffement, il eft toufjours beaucoup plus moderne que celuy des *Prebendés du grand Chœur* &c. d'ou nous concluons qu'ils doivent par confequent leur ceder en toutes chofes.

La

La Seconde Regle dont nous nous ſervons (*art. XXXVIII.*)
c'eſt *la qualité.* Parce que, diſons nous avec un grand Pape,
*aliâ non poteſt ratione ſubſiſtere univerſitas; niſi hujuſmodi ordo dif-
ferentiæ ſervetur.* De là, deſcendant à l'eſpece particuliere dont
il s'agit, nous examinons les qualités des *Prebendés du grand
Chœur,* & des *nouveaux prétendus Summiſſaires,* & nous diſons
qu'il y en a de deux ſortes, de perſonnelles & de generales; à
l'egard des perſonnelles nous diſons:

1. Que les *Prebendés du grand Chœur* ſont de veritables
Beneficiers, ce que nous prouvons par le témoignage de quantité
des plus fameux Canoniſtes, qui nous diſent tous unanimement,
qu'un benefice eſt *un droit perpetuel de percevoir quelques revenus
de l'Egliſe pour un office ſpirituel, & approuvé ou érigé par l'authorité
de quelque Superieur ou Prelat legitime,* & que ſans cette derniere
condition ce droit ne peut avoir le nom de *benefice Eccleſiaſtique.*
D'où nous conclüons, que les *Prebendés du grand Chœur,* ſont
de veritables *Beneficiers,* puis que toutes ces conditions leur conviennent parfaitement. (*art. XL.*)

2. Nous ſervant de la même methode, nous prouvons
qu'ils ſont encore de veritables *Prebendés,* parce que, ſelon tous
les Canoniſtes, *Præbenda eſt jus percipiendi proventus Eccleſiaſticos
tanquam uni de collegio competens* &c. parce qu'ils ſont tous membres d'un *Corps* ou d'un *College,* qui a le pouvoir de s'aſſembler
Capitulairement; par ce qu'ils ont l'adminiſtration de la maſſe
commune, d'où ils tirent leurs revenus &c. (*art. XLI.*) ce que
nous prouvons encore, par quantité de Bulles des Souverains
Pontifes,* par quantité d'actes des Evêques mêmes de *Strasbourg,*
par quantité de patentes des Empereurs, & ſur tout par une
information que le *grand Chapitre* envoyà l'an 1417. à Rome,
où le predicat de *Prebendé* leur eſt tousjours attribué, de maniere
que ſi celuy de *Vicaire* y eſt quelques fois, il eſt tout auſſitoſt
corrigé par celuy de *Prebendé.*

3. Nous faiſons voir qu'ils ne ſont point eſſentiellement
Vicaires, de perſonne; n'ayant eſté deſtinés pour faire quelques
fois les fonctions d'autruy que par accident, comme les *nou-*

C   veaux

veaux prétendus Summiſſaires, l'avoüent & le diſent eux mêmes
dans la page 9. de leur *faɕum* (que nous citons à la marge de
(*l'art.XLIII.*) & de là nous conclüons, que ſi le publiq, qui
n'eſt pas obligé de ſçavoir toutes ces diſtinɕions, les appelle
quelques fois *Vicaires,* ce ne peut eſtre que par un abus qui
s'eſt introduit comme beaucoup d'autres encore plus eſtonnans ;
mais qui ne peut prejudicier à la veritable qualité, que tant de
Bulles & tant d'aɕes authentiques leurs donnent.

4. Nous faiſons voir en ſuitte au contraire que les *nouveaux prétendus Summiſſaires,* ne ſont point de veritables *Beneficiers,* parce que pas une des conditions requiſes pour conſtituer
un benefice Eccleſiaſtique ne convient à cette portion qu'ils
tirent des biens de cette Egliſe ; & ſur tout, parceque cela n'a
jamais eſté approuvé ny par le ſouverain Pontife ny par l'Evêque, auxquels cependant il appartient uniquement d'ériger des
benefices comme nous le faiſons voir par quantité d'authorités
citées à la marge de cet (*article XLIV.*) & de *l'art. XL.* &c.

5. Qu'ils ne ſont point du tout *prebendés* puiſqu'ils ne
ſont point membres, ny parties d'aucun *Corps Capitulaire* &
qu'ils n'ont aucune veüe ny aucune inſpeɕion ſur la maſſe du
grand Chapitre d'où ils tirent leurs revenus (*art. XLV.*)

Nous leur prouvons clairement par leur propre *ſer-
ment,* par les qualités de *Summiſſaires* & de *Vicaires* qui ſont dans
leurs pretendües proviſions &c. qu'ils ne ſont proprement que
de ſimples *Vicaires* ou *Commis* gagés & payés uniquement pour
faire les fonɕions d'autruy &c. (*art. XLVI.*)

D'où nous concluons (*dans l'art. XLVII.*) que ce ſeroit
une confuſion & un deſordre terrible ſi, comme dit un Pere,
ceux, qui à peine peuvent prendre la qualité des membres les
plus inferieurs, eſtoient Chefs ou Superieurs, *Ne quis igitur caput
ſit, qui vix aut manus, aut pes, aut vilius aliquod membrum eſt.* (i)

(i) Gregor. Nazianz.

Delà paſſant aux qualités generales des *Prebendés du grand
Chœur,* nous faiſons voir 1. qu'ils ont tousjours fait un même
Corps & que depuis l'incorporation, on leur doit plus que
jamais donner cette qualité (*art. XLVIII.*) 2. qu'ils ſont un *corps
capitu-*

capitulaire, qui a *l'adminiſtration* de ſes propres biens, ſes *Re-
ceveurs*, ſes *Officiers*, ſes *Sceaux*, & toutes les marques eſſen-
tielles d'un *College*, confirmées l'an 1560. par un Legat à *Late-
re* &c. & outre cela qu'ils ſont *Curés primitifs* de quantité de pa-
roiſſes & de la Cure mème de la Cathedrale &c. (*art. XLIX.*)

Nous faiſons voir au contraire que les *nouveaux prétendus
Summiſſaires* ne ſont point un Corps, parce que, comme dit
St. Jean Chriſoſtome, *Qui diſſecti ſunt in varias partes, nequaquam
poſſunt appellari nomine congregationis*; qu'ils ne ſont point un
corps capitulaire; qu'ils n'ont aucune *adminiſtration*; qu'ils ne
peuvent pas mème prendre aucune marque de *College*. Ce que
nous prouvons par la Decretale, *Dilecta de exceſſ. Prælatorum*,
dont la rubrique dit en termes formels, *Privati homines regula-
riter nequeunt conſtituere collegium & habere ſigna collegÿ, niſi ali-
ter eu concedatur*. D'où nous conclüons, que les qualités des
nou. pret. Summiſ. eſtant beaucoup inferieures à celles *des Prebendés du grand Chœur*; on n'a pû, ny dû les mettre au deſſus
deſdits *Prebendés*, & que de rapporter ces prerogatives en queſtion pour faire voir l'excellence de leur Eſtat, c'eſt faire un
cercle vitieux & prouver la queſtion, par la queſtion mème
(*art. L. & LI.*)

La Troiſiéme regle dont nous ſervons, c'eſt l'unité ou la
neceſſité indiſpenſable de la conſerver: parce que, dit un Pere,
*In ſalute & honore integri corporis Species eſt unitas membrorum &
in ſeparatione viſcerum eſt fœda, lethalis eſt horrenda pernicies*. &
que, comme dit un grand Pape, *Status Eccleſiæ tunc clarius elu-
ceſcit, cùm gradus, in ea conſtituti, illæſi ſervantur &c.* (*art. LII.*) De
là nous faiſons voir que le *grand Chapitre* & le *grand Chœur*
quoyque ſeparés *exterieurement* pour les biens n'ont jamais fait
interieurement & dans le Chœur, qu'un ſeul Corps, dont les parties
nobles & celles qui leur ſont ſubordonnées ont tousjours eſté
intimement & immediatement unies, ſans que jamais ny les
guerres, ny les troubles du ſiecle paſſé, ny le changement de
reſidence, ny mille autres raiſons, ayent peu introduire aucun
corps eſtranger entre ces deux Corps &c. & de la nous con-

C 2

clüons, que puis que cette union intime dure depuis tant de
siecles, elle est proprement l'ouvrage de Dieu même & que la
main des hommes n'a pas eu le pouvoir de la rompre, ny de
la deffaire, selon cette belle sentence, *Quod Deus conjunxit homo
non separet.* (art. LIII.)

*Quatriême regle.
Les services rendus
à l'Eglise.*

La Quatriéme regle, c'est le *nombre, la grandeur, la difficulté, & l'importance des services*; parce qu'il est bien juste que
*is gradu cæteros antecellat, quem labor prolixus & stipendia meliora
fecerint anteire. l. nemo. Cod. de off. mag. mil.* & que c'est l'ordi-
naire que *junioribus concedatur spes laboris, dum vicissitudo fuerit
reddita veteranis* &c. *(art. LIV.)* Pour appliquer ce principe à
nostre sujet, nous faisons en suitte un detail succint des services que le grand Chœur, (soit par les *negotiorum gestores Chori,*
soit par les *Deputés* &c.) a rendus à cette Eglise, depuis au moins
l'an 1263. Mais sur tout, nous faisons remarquer leur constance
à continuer la possession de leurs biens, malgré toutes les difficultés du siecle passé, qui a fait que ces biens ne se sont point
trouvés l'an 1624. dans le cas de la paix de *Munster*, & par consequent que les Catholiques en sont maintenant encore possession &c. *(art. LV.)* Nous faisons voir même que le mauvais
estat où sont ces biens actuellement doit servir à faire voir la
difficulté & la grandeur des services que le *grand Chœur* a rendu
à cette Eglise, puis qu'enfin, *scutum divulsum, fracta galea, hebes
gladius, facies vulnerata, cedunt militibus ad ornatum,* (k) & de là

*(k) Petrus Blesensis
in epist.*

nous conclüons que puis qu'il s'en faut bien, que les *nouv. pret.
Summis.* ayent rendu des services si considerables à l'Eglise ;
les *Prebendés du grand Chœur* doivent necessairement avoir le
pas au dessus d'eux, quand ce ne seroit que pour les récom-
penser de leur travaux, *Dignum est enim ut fructus laborum se-
quantur vota fidelium & superior gradus accipiat quem gestarum re-
rum integritas affecta commendat* (k) *(art. LVII.)*

*(l) Cassiodorus.
Cinquiéme regle.
Les titres ou preuves
par écrit.*

La Cinquiéme regle ce sont les titres ou les preuves par
écrit, sur quoy nous faisons voir d'abord, la difference eston-
nante qui se trouve dans les dattes des uns & des autres, ceux
des *nouv. pret. Summis.* n'ayant que cinq ou six ans, & ceux des

Pre-

Prebendés du grand Chœur eftant, partie auffi anciens que cette Eglife & partie de trois & quatre fiecles &c. (*art. LVII.*) De là nous faifons voir (*art. LIX.*) les nullités du prétendu reglement de *Cologne*, qui n'eft qu'un fimple projet, fait à plus de cent lieües du lieu dont il s'agit principalement, qui n'a jamais efté ny figné, ny fcelé, ny communiqué, ny publié, ny fignifié, ny executé &c. & de la nous en faifons comparaifon avec le *Directoire du Chœur* & les autres reglemens (dont nous parlons plus amplement *art. XV.*) qui ont efté bien & legitimement approuvés & qu'une longue pratique de plufieurs fiecles a confirmés &c. Dans *l'art. LX.* nous faifons voir qu'à prendre même dans la rigeur les termes de ce prétendu reglement, que les *nouv. pret. Summif.* citent dans la 5. page de leur *factum*, ils ne difent point du tout ce qu'ils prétendent prouver, fçavoir, qu'ils ayent efté fondés, qu'ils doivent eftre dans les hautes chaires &c. Enfin dans *l'art. LXI.* nous faifons voir clairement les nullités de leurs provifions, en ce que 1. le Collateur fuppofe des Benefices dêja fondés, dont cependant on n'a jamais vû aucun acte de fondation. 2. en ce qu'il fuppofe des benefices vacants qui ne le font point, ny *de fait*, ny de *droit*. 3. en ce qu'il unit de fa propre authorité, fans citation, fans information, & fans aucunes formalités deux benefices *fub eodem tecto*, ou du moins en ce qu'il impofe un nouvel office ou charge à un benefice fans avoir le pouvoir neceffaire pour cela &c. & de là nous conclüons que leur acte de prife de poffeffion *in majoribus fubfelliis*, qui n'eft fondé que fur cette collation vicieufe, eft par confequent nul de toute nullité.

La Sixiême regle enfin ce font *les ftatuts, les couftumes & la pratique immemoriale des lieux.* Sur quoy nous faifons voir (*art. LXII.*) que la couftume en general eft une des regles les plus feures & les plus ordinaires pour la conduite de nos mœurs, les difficultés & le danger qu'il y a d'y changer quelque chofe fans une neceffité évidente, les defordres que les nouveautés caufent prefque tousjours &c. *quia plerumq̃ difcordiam pariunt novi-*

Sixiême regle.
La couftume, les Statuts &c.

D

novitates. & comme dit St. Augustin, *ipsa mutatio, consuetudinis etiam quæ adjuvat utilitatem, novitate perturbat.*

Dans *l'art. LXIII.* que cette maxime doit estre principalement observée dans les affaires Ecclesiastiques; Jusques là dit St. Augustin que, *Sicut prævaricatores divinarum legum, ita contemptores consuetudinum Ecclesiasticarum coërcendi*, & de à nous faisons remarquer, quelle authorité, quel pouvoir il faut avoir, & combien de precautions & de formalités il faut observer avant que d'y rien changer parce que, *In rebus novis constituendis, evidens utilitas esse debet, ut resedatur ab eo jure quod diu æquum visum est.*

Nous prouvons dans *l'art. LXIV.* par une infinité d'authorités (*m*) que c'est principalement dans les questions de preseance que la coustume doit estre considerée, qu'on la doit même observer quand d'ailleurs elle seroit contraire aux saints canons & au *droit* (*n*) & à plus forte raison quand elle leur est conforme, parce que d'ailleurs ces differences de rangs, estant des choses purement arbitraires, ne se peuvent mieux regler que par l'exemple du passé.

De ces principes generaux nous passons à l'espece particuliere & nous faisons voir dans les (*articles LXV. LXVI. & LXVII.*) par des preuves negatives & positives I. que selon toutes les apparences, nos demandes sont fondées sur un usage observé dans cette Eglise depuis sa premiere origine, & 2. par des preuves par écrit, que cet usage a continué sans interruption valable, depuis l'an 1364. au quel le Directoire a esté fait, jusques à l'année 1687. c'est à dire pendant 323. ans, ce qui selon les DD. est une coustume plus qu'immemoriale.

Nous faisons voir en suite (*art. LXVIII.*) que si l'on a renversé ces anciennes coustumes elles doivent estre necessairement restablies. I. parce que ceux qui les ont renversées n'ont point eu ce pouvoir, ce que nous prouvons par la Decretale, *Cum consuetudinis. 9. de consuetudinibus*, appuyée & confirmée par le sentiment d'une infinité de DD. cités à la marge.

2. parce

(m) Barbosa outre les autheurs que nous citons en cet endroit en cite encore plusieurs dans son comment. sur la sess. 24. c. 2. du Concile de Trente comme Menoch. consil. 51. n. 49. & consil. 126. n. 2. & 3. Cavaler. decis. 649. n. 1. Campan. d. Rubr. 12. Sub. n. 11. Molfess. ad consuetud. Neapol. p. 1. c. 5. sub. n. 21. Besoldus. in dissert. pol. jurid. de præcedent. & sessionis inrogativis. &c. Puis il adjoute.

(n) *Quod procedit etiam si consuetudo juri repugnet.* Menoch. consil. 51. n. 51. Seraph. decis. 964. n. 2. & 4. & ideo etiam si sessio sit contra jus est manutenebilis quando est alicujus temporis considerabilis, Franc. in c. ad Decimas. n. 8. m. 4. Notab. de restitut. spoliat. in 6. Covarruvias. in practica. q. 17. sub. n. 6. v. 4. Rotæ decis. 534. n. 7. & decis. 595. n. 3. p. 1. Gregorius Decis. 360. &c.

2. parce que ce renverſement s'eſt fait ſans neceſſité ny utilité quelconque (*art. LXIX.*) 3. parce que cela s'eſt fait ſans for-malité, ſans citation des parties intereſſées, & ſans aucune des ſolennités requiſes par le droit &c. (*art. LXX.*) 4. parce que cela s'eſt fait au preȷudice d'un tiers, contre la deffence expreſſe portée dans la decretale *cùm olim 6. de conſuetudinibus,* au pre-mier livre des Decretales, & contre le droit naturel, *Jure enim natura æquum eſt neminem alterius detrimento & injuria fieri locu-pletiorem. de reg. Jur. in 6. reg.206.* &c. (*art. LXXI.*) 5. enfin parce que cela s'eſt fait contre une poſſeſſion immemoriale qui auroit deu mettre les demandeurs à l'abry de toutes les chi-canes des Deffendeurs, *quis enim ferat inſtitui jurgia quæ avi aut proavi neſcierunt? quæ alia improbum litigatorem ſam valida de-fenſio ſubmovebit, ſi poſſeſſorem nec ſæcula in infinitum tranſacta de-fendunt*, dit l'Empereur Valentinien, d'où nous conclüons, que nous croyons eſtre bien fondés de demander à eſtre main-tenus dans cette ancienne poſſeſſion puiſque même, quand nous n'aurions pas le droit au fond, toutes les regles du droit veullent que *Spoliatus ante omnia reſtituatur* &c. (*art. LXXII.*)

TROISIEME PARTIE.

LA troiſiéme partie eſt deſtinée pour répondre aux objections des *nou. pret. Summiſſaires.*

Reſponſe aux Objections.

La premiere c'eſt, diſent ils, que c'eſt l'intention de la Cour, & qu'en matiere de Benefices, *Quod ſemel placuit amplius diſplicere non poteſt.* (*art. LXXV.*) à cela nous reſpondons.

Premiere Objection.

1. Qu'il faudroit nous faire voir par écrit que ce ſoit l'intention de la Cour, puis qu'enfin on n'eſt pas obligé de les croire ſur leurs paroles, ſur tout quand on voit que l'arreſt du Conſeil, qui a eſtabli la Commiſſion, n'en dit pas un mot. 2. Qu'il n'eſt point vray que la Cour ait ordonné au *grand Chapitre* de fonder quatre nouvelles Prebendes; 3. Que leur axiome de droit ſe peut retorquer contre eux, puiſque *ſi quod ſemel placuit*

Reſponſes.

amplius

amplius displicere non potest, quod centies, quod trecenties placuit,
amplius displicere non poterit &c.   4. Enfin, que suposé même
tout cela, on ne peut pas présumer raisonnablement que l'intention du plus juste de nos Monarques ait esté qu'on fît pré-
judice aux *anciens Beneficiers,* pour favoriser les *nouveaux,* parce
que ce seroit attribuer à Sa Majesté des intentions dont elle
n'est nullement capable.

Seconde Objection.   La Seconde Objection (*art. LXXVI.*) c'est, disent ils, *que*
leur conscience les oblige à soustenir les droits de leurs Benefices en
vertu du serment solemnel qu'ils en ont fait &c.   Nous respondons à cela.

Responses.   1.   Qu'il est assés estonnant que leur conscience ne se
réveille, que quand il est question de restituer un bien usurpé;
mais que d'ailleurs leur conscience ne les oblige point à cela
puisque n'estant pas de veritables *Beneficiers,* ils ne sont point
obligés *en conscience* de deffendre des droits qui ne peuvent
passer à des Successeurs. (*art. LXXXI.*)

2.   Que le serment qu'ils ont fait & que nous donnons
mot à mot à la marge de (*l'art. LXXXII.*) ne les engage point
du tout à cela; puis qu'au contraire il les oblige à une obeïssance entiere à tous les ordres de leurs Superieurs, & nullement à entreprendre un procés contre eux & que les termes
de *droits de Benefice* &c. n'y sont nullement énoncés, & qu'au
contraire ceux de *Vicariat*, de *Summissariat* de *services*, *de re-*
mettre quand on le jugera à propos &c. y sont formellement mar-
quez (*art. LXXXII.*)

3.   Sur ce qu'ils nous disent que c'est destruire leurs *Be-*
nefices, que de les changer de nature, nous leur prouvons sen-
siblement, que ce n'est nullement destruire un benefice que de
le changer de nature &c. (*art. LXXXIII.*)

4.   Que quand même cela seroit; ce ne seroit point
destruire leurs *prétendus Benefices* que de les faire changer de
place &c. (*art. LXXXIV.*)

5.   Enfin que l'essence & la nature de ces *prétendus bene-*
fices, ne consiste point du tout dans toutes ces prerogatives,
exterieures

exterieures & accidentelles, puifque l'effence de leur employ est proprement de faire certaines fonctions en la place des *grands Chanoines*, & non point d'eftre placés en tel ou tel degré d'avoir telles ou telles aumuffes &c. (*art. LXXXV. pag. 84.*)

La troifiême objection, *c'eft*, difent ils, *que le grand Chapitre veritable Collateur de leurs benefices, les a mis luy même dans ces places comme il fe voit dans l'acte de leur prife de poffeßion* &c. (*art. LXXXVI. p. 85.*)

Troifiême Objection.

Pour refpondre à cela, nous avons I. mis des notes ou glofes à la marge de leur objection, qui nous paroiffent decifives pour la deftruire (*pag. 85. & 86.*) en fuite dans *l'art. LXXXVII.* nous faifons voir que le peu de connoiffance qu'on avoit alors tant des droits *du grand Chapitre*, que de ceux *du grand Chœur* ; Que l'authorité & le credit de ceux qui protegeoient les *nouveaux pret. Summ.* Que l'indifference de ces places, & les apparences de juftice qu'il y avoit, que ceux qu'on avoit nommés *Summiffaires* fuffent placés où les *anciens Summiffaires* eftoient placés autrefois ; Que la confufion, les tenebres, l'oubly & le peu d'idées qu'on avoit des droits & des differences des *anciens Summiffaires* d'avec ceux cy &c. apres un exil de plus de fix vingts ans &c. que tout cela fût caufe que le *grand Chapitre* creut, qu'il pouvoit les mettre dans ces places en attendant que ce Châos fût debrouïllé &c. D'où nous conclüons que l'honneur du *grand Chapitre* n'eft point intereffé dans ce changement, qu'au contraire il y va de fon honneur, que toutes chofes foient remifes dans leur ordre ancien, & par confequent dans leur ordre naturel &c.

Reſponſes.

Dans *l'art. LXXXVIII.* nous difons que quand même le *grand Chapitre* les auroit mis là, cela ne fait rien contre nous ; Que cela prouve bien un fait, mais que cela ne prouve point la juftice de ce fait, *factum non bene factum probant.* (*) Puis qu'au contraire nous prouvons que le *grand Chapitre* n'a pû les y mettre, qu'il ne la pas deu pour fes propres interefts, qu'il ne l'a pas même voulu ; c'eft àdire, qu'il n'a pas eu intention de les y laiffer tousjours. Ce que nous prouvons par toutes les precau-

(*) Et nous pouvons maintenant adjoûter icy hardiment qu'il falloit que ce que fit alors le grand Chapitre, ou n'ait pas efté bien fait, ou du moins qu'il n'ait efté fait que par provifion ; puifque le Confeil les vient de debouter de leur *poffeffion* &c.

E

precautions qu'il a pris avec eux, avant que de les mettre dans ces places & par les promesses *d'obeïssance aveugle* à tous ses ordres, & de *remettre même* leur employ entre les mains du *Chapitre* &c. dont il leur a fait faire un serment solemnel avant que de leur faire faire la ceremonie de les mettre en possession de ces places.

Quatrième objection. La quatrième Objection, ce sont, disent ils, *ces six années de paisible possession* &c. qui prouvent d'autant plus fortement leurs pretentions que par la 33. ou 35. regle de la Chancellerie Apostolique, *trois années de paisible possession avec un simple titre coloré suffisent pour assurer la possession d'un benefice*, à plus forte raison quand *cette possession dure pendant cinq à six années, au vû & sceû de ceux qui avoient le plus d'interest de l'interrompre* &c. Comme cette objection est la plus forte de celles qu'on nous propose, outre les gloses que nous donnons à la marge de cette objection rapportée au long (dans *l'article LXXXIX. 90.*) nous respondons dans trois titres differens. 1. *à la possession en general.* 2. *à la possession triennale.* 3. *à ce silence & cette negligence pretendüe des Demandeurs ainsi.*

Responses.
Principes touchant la possession.
I. (*Art. XC. p. 91.*) nous establissons quelque principes de droit touchant *la possession*, & nous faisons voir 1. que *la possession* estant une chose purement *de fait* ne donne point par consequent par elle même *le droit*, ny *la proprieté* des choses. 2. que cette espece de bonne foy qui n'est fondée que sur une *erreur de droit*, peut bien mettre à couvert un possesseur du reproche de *mauvaise foy*, mais qu'elle ne luy suffit pas pour luy donner le droit de retenir & de s'approprier une chose sans le secours des tems establis & determinés par les loix, sur tout quand il ne la possede pas à *vero Domino*. 3. De là nous faisons voir la difference qu'il y a entre un *titre* ou *juste*, ou *injuste*, ou *coloré*. 4. Que non seulement un possesseur est absolument de mauvaise foy, quand il est entré dans sa possession *clam, vi, aut precario*, mais même qu'il est censé tel, quand il n'a qu'un titre vicieux, qui est tousjours *malæ fidei argumentum*; quand il possede contre les maximes establies

par le droit, *quia aliquid contra jura mercatur*; quand un'poffef-
feur plus ancien exifte reellement, *tunc enim nova & recens pof-
feffio præfumitur mala fidei*; Quand enfin il affecte de demeurer
dans *l'erreur de droit* quia commencé *fa bonne foy*, que cette affe-
ctation, ridicule comme dit la loy *ult. cod. unde vi*, rend dans la
fuitte tout à fait mauvaife. 5. Que pour entrer en poffeffion d'une
chofe il faut qu'elle foit vacante, ou non occupée, *contra naturam quippe eft; ut cum aliquid teneam, tu quoq̃ id tenere videaris*.
6. Qu'il faut que cette poffeffion foit vacante non feulement
corpore ou naturellement, mais auffi *animo* ou civilement, par
ce que, *Vacua res non eft quæ animo adhuc poffidetur*. à plus forte
raifon quand on la poffede *corpore & animo* tout enfemble.

Dans *l'art. XCI.* nous difons, que comme la *prefcription* Principes touchant
n'a efté introduite dans la pratique du droit que pour punir la Prefcription.
la negligence des Proprietaires, que pour eviter la confufion,
qu'afin que les domaines des chofes ne demeuraffent pas tousjours dans l'incertitude, que pour fervir de barriere à la malice
des hommes &c. du moment que tout cela ne fe rencontre point
dans un proprietaire il eft tousjours en droit de redemander
la reftitution de ce qu'il croit luy appartenir. (*n. ou princ. 7. p. 94.*)
Nous marquons en fuitte (*pag 95.*) quels tems les loix ont
prefcrit, aprés les quelles il n'eft plus permis aux Proprietaires
d'intenter leurs actions, & nous prouvons par les paroles mêmes de *l'Empereur Juftinien*, qu'à l'égard des *immeubles*, il faut du
moins la prefcription qu'il appelle *longi temporu*, c'eft à dire
comme il l'explique luy même, de dix ans entre *Prefens* & de
vingt ans entre *Abfens* &c. Dans les *n. ou princ. 8. 9. & 10. p. 96.*
nous eftabliffons les autres conditions neceffaires pour prefcrire
une *poffeffion*, fçavoir qu'elle foit fans *interruption*, accompagnée
de *bonne foy* & fouftenuë du moins d'un *titre coloré*, qu'elle ne
foit pas au nom d'autruy ou fous une qualité eftrangere *nomine alieno* &c.

Dans *l'article XCII.* nous faifons l'application de ces prin- Application
cipes à la queftion prefente & nous faifons voir *que la poffeffion* de ces principes.
des nouveaux pretendus Summiffaires, ne leur donne aucune

proprieté; Que n'ayant eu la possession de ces places que du *grand Chapitre* ils l'ont par consequent à *non Domino*; puis qu'il ne pouvoit leur donner que les places qui estoient *vuides* & *vacantes* ou non *occupées*, & qu'il n'y a jamais eu de vuide entre le *grand Chapitre* & le *grand Chœur*; qu'ils sont entrés dans ces places, *clam, vi, & precario*; que leur *titre* est *vicieux* en luy même; qu'ils n'ont possedé que contre toutes les maximes du droit & des canons, *Contra jura mercantur*; qu'un possesseur plus ancien existoit réellement &c. & par consequent, que non seullement on les doit presumeur *possesseurs* de *mauvaise foy*, mais qu'ils le sont effectivement; que ces places n'ont point esté vacantes, même à nostre égard, tandis qu'ils y ont esté puisque nous prouvons par une *protestation* en bonne forme que nous avons tousjours conservé ce que le droit appelle *animum possidendi*; qu'ils ne possedent que *nomine alieno*, puis qu'ils ne possedent que sous une qualité qui ne leur peut apartenir legitimement; (*o*) qu'enfin le plus court de tous les termes que les loix donnent aux Proprietaires pour se pourvoir n'estant pas écoulé, nous sommes encor recevables nonobstant nostre *silence* prétendu de cinq ou six ans, à former nostre action contre leur usurpation.

II. Mais comme ils prétendent en second lieu, que la 33. regle de la Chancelerie a acourcy ce tems, & qu'au lieu que par le droit civil il faut *dix années* de *possession* pour former une *prescription*, il n'en faut que *trois* en vertu de cette regle; à cela,

Nous respondons 1. que la question dont il s'agit n'est point comprise, ny *directement*, ny *consequemment*, sous cette regle. Nous prouvons (*dans l'art. XCIII.*) qu'elle n'y est point comprise *directement* parce que cette regle ne parle. 1. que des *benefices*. 2. que des *benefices Ecclesiastiques*. 3. que du *spirituel* des *benefices*. 4. enfin, parce qu'elle n'a esté establie que pour asseurer le *titre* des *benefices*. *Etenim vero decretum de pacificis possessoribus tantum de Titulo beneficÿ intelligitur.* (*p*) Or comme les places dont il s'agit ne sont point des *benefices Ecclesiastiques*, que ce sont des choses purement *temporelles* & qu'elles

qu'elles ne font point effentiellement *& in individuo* le *titre* d'un
Benefice. Nous conclûons de la (*dans l'art. XCIV.*)   Que quand
même leur employ feroit un veritable *Benefice*, cette regle leur
feroit inutile, puis qu'on ne les attaque pas fur des chofes pour
lefquelles cette regle a efté *fpecialement & directement* eftablie.

Nous prouvons (*dans l'art. XCV.*) que noftre queftion n' y eft
point, comprife *confequemment* ; parce que, quoy que *accefforium
naturam fequi congruat principalu*, cela ne fe doit entendre que
dés acceftoires *effentiels*, fans lefquels le principal ne peut fubfifter & que la Philofophie appelle *conditiones fine quibus non*, mais
non des *accefſoires* purement *accidentels*, & comme leur employ
peut bien fubfifter, fans qu'ils foient dans telles ou telles places
in individuo, pour veu qu'ils en ayent quelques unes *in fpecie* ;
nous conclûons que cette regle ne les comprend donc point ny
directement, ny *confequemment*, & qu'ainfi c'eft fort mal à propos qu'ils la veulent appliquer, au fujet dont il s'agit.

Nous refpondons 2. (*art. XCVI.*) que, fuppofé même que
la queftion dont il s'agit, peût eftre comprife dans cette regle ;
elle ne leur feroit pas moins inutile, parce que les conditions
requifes pour joüir du privilege de cette Regle (foit qu'elles
foient *expreffement marquées* dans cette regle, foit qu'elles ny
foient que *fous-entendues*) ne leur conviennent point ; & parce
que au contraire, celles qui leur en peuvent donner l'exclufion
(comme entre autres & expreffement la qualité *d'Intrus*,) leur
peuvent eftre juftement reprochées &c. (*art. XCVII.*)   Enfin
nous achevons de prouver l'inutilité de cette regle par l'Arreft
que le Confeil vient de donner contre eux ; par lequel, non
obftant leur poffeffion triennalle, ils viennent d'eftre deboutés
de la prétention qu'ils avoient de fe placer dans les hautes
chaires.

III. *Dans l'article XCVIII.* nous donnons les raifons de noftre   *Raifons & motifs de*
filence ; dont la premiere, c'eft que nous l'avons ainfi jugé à   *noftre filence.*
propos, & que felon les loix nous aurions peû nous taire encore
plus long tems fans rien rifquer. La 2. parce que *is qui tacet ;
nec probat, nec utiq; negat.*   La 3. c'eft qu'il n'eft point vray, que

F   nous

nous ayons gardé le silence. Nous avons parlé, fait des remon-
strances, disputé verbalement contre eux & par dessus tout cela
protesté en bonne forme, ce qui par la Decretale, *si justius metus*
de Appellationib. a deû nous suffire, pour faire voir en tems &
lieu que nous n'avons jamais consenti à leur usurpation. La
4. parce que, ce qu'une juste crainte, (*n.* 4.) & le respect que
nous avons tousjours eu pour nos Superieurs (*n.* 5.) nous ont
empesché de faire ne doit point nous faire accuser de negligence. La 5. parce qu'il y auroit eu de la temerité & de l'im-
prudence d'entreprendre un procés dans un tems que nous
n'avions presque aucune connoissance de nos droits, ny de
pieces pour les justifier (*n.* 7.) ny de juges propres à le deb[ent]
(*n.* 8.) La sixième enfin, parce que, disons nous avec St. Leon
eorum mentis tumorem medelis patientiæ nostræ curare [...]

Dans l'article XCIX. nous conclüons cet ouvrage [par une]
courte recapitulation des trois parties qui le compo[sent],
quelques passages d'une epistre de St. Leon qu[i semblent]
faits exprés pour le sujet dont nous parlons, & par ou [...]
connoistre que nous ne voulons point que le Conse[il]
cune innovation en nostre faveur; (*r*) Qu'il y va [...]
de la gloire & de l'honneur du Conseil de rep[arer & mettre]
en vigeur des Statuts que l'Antiquité a rendus ven[erables]
Qu'enfin les *nouveaux pret. Summif.* n'auront point [...]
de sa justice, quand il les obligera de ceder le pas [aux]
plus Anciens qu'eux en toutes manieres, (*s*) &c.

Enfin *dans l'art. C.* nous donnons en peu [de mots les]
raisons ou moyens de nostre *appel comme d'abus*, dont [le prin-]
cipal, c'est que le *grand Chapitre* comme *juge Ec[clesiastique]*
peu connoistre *sans Abus* du *possessoire* de ces places, (*u*)
moins prétendre d'en déposseder d'anciens Possesseurs
avoir cités, dautantplus que cette maniere de proceder
ctement contre tous les *Canons*, contre les *Ordonn[ances des]*
Roys & particulierement contre les *Statuts & [Coustu-]*
mes immemorialles de cette Eglise [...]

(*q*) *Parce que,* no-
lebamus ea illis exar-
cerbare vulnera, quæ
suæ animæ insolenti-
bus subinde verbis in-
fligebant. *Parce que,*
quos susceperamus ut
fratres (*par le sacerdo-*
ce) delinire magis...
quam contristare ni-
tebamur S. Leo *Epist.*
89. T. 3. concil. P. Labbe.
col. 1306.

(*r*) Non nova insti-
tuentes sed vetera in-
novantes. *idem. ibid.*

(*s*) Dignum enim est
antiquitatis statuta
reparati. *idem. ibid.*

(*t*) Æquum est enim
nec ulli de fratribus
fieri videtur *injuria*, si
his qui *sacerdotij ve-*
tustate præcedunt,
pro *ætatis suæ* merito,
à Sacerdotibus defe-
ratur. *idem ibidem.*

Raisons ou moyens de
l'appel come d'Abus.
(*u*) Parce qu'elles sont
purement quelque
chose de temporel, &
que la connoissance
du possessoire même
des choses spirituelles
apartient aux Cours
Souveraines. Surquoy
voyez Fevret. *tr. de*
l'abus. l. 4. c. 11, p. 418.
&c.